Christiane Schwarze

Meine Tage wurden wie schimmernder Opal

Mauer Verlag
Wilfried Kriese
72108 Rottenburg a/N
Buchgestaltung: Wilfried Kriese
Titelbild: © Christiane Schwarze
2013
ISBN 978-3-86812-312-8

Erstveröffentlichung
im Mauer Verlag 1999

www.mauerverlag.de

Inhalt

Machtlos gegen das Gutmeinen

Gerade sollten wir gerichtet werden.
Vom ersten Tag der Worte lernten wir,
was uns angeblich fehlte.

Schön –
war die Beschreibung,
die immer andere meinte.

Uns verbanden zwei Buchstaben.
ZU.

Zu langsam,
zu krumm,
zu steif,
zu schlaff,
zu kraftlos,
zu ungeschickt.

Wir haben uns für ein neues ZU entschieden.

Zu aufrührerisch,
zu querdenkend,
zu widerspenstig,
zu eigenwillig,
zu selbstbewusst,

um allen, die es noch nicht verstanden haben, zu sagen:
Wir sind genau richtig.

* Siehe TonSatz-CD *Losgehen und Möglichkeiten atmen*
Nr.6 *Machtlos gegen das Gutmeinen* – Musikalisch-lyrische Performance

Feuertanzen

Leergewartet,
müdegeträumt,
illusionsvergiftet
stehe ich vor mir selbst.
Wieder einmal zerknülle ich
die Baupläne meiner Zukunft.

Doch dieses Mal
werde ich stärker sein
als die schwarzen Wände,
widerstehen will ich dem November
mit seiner grauen Botschaft.

Noch heute nehme ich mich selbst bei der Hand,
die Umrisse meiner eigenen Spuren zu suchen.
Ich leihe mir von der Sonne ein paar Strahlen
und übe damit
Jonglieren und Feuertanzen.

* Siehe TonSatz-CD *Als Wir Uns Trafen*
Nr. 1 *Feuertanzen* – Komposition zum Text

Innenblau

Heute ist mein Innen hellblau.
Nicht dieses wolkenlose, südliche, sondern umschleiert wie von Morgendunst. Aber meine Erwartungen hatten schon immer diesen leichten Nebel um sich herum, der die Umrisse ein Stück von der Realität in den Traum verschiebt.
Bisher ist das noch niemandem aufgefallen, denn ich rede die Konturen schwarz und gestochen, wie eine Bauzeichnung.
Die Farbe Hellblau ist mein Geheimnis.
Nur ab und zu, wenn ich allein auf dem Balkon sitze, zwinkere ich dem Sommerhimmel zu. Als Zeichen des Verstehens ballt er manchmal ein paar weiße Wölkchen über mir zusammen und löst sie schließlich wieder auf.
Wenn der Wind in sein Wolkenmobile bläst, träume ich mich locker, luftig und verliebt.

Rot hat sich wieder auf Blau ausgebreitet.
Es überflutet alle Innenwege, durchschlängelt jeden Winkel meines Körpers, kein noch so abwegiger Gedanke, kein Lidschlag existiert ohne Rot.
Wer könnte durch dieses Energiekonzentrat hindurch mein Hellblau wahrnehmen?
Oft nicht einmal ich selbst.
Violett fühle ich mich dann.
Wenn die Farben sich in mir überlagern, spiegeln sie sich in den Fensterscheiben, gaukeln mir, je nach Lichteinfall, immer neue Schattierungen vor.

Purpur ist der Schlund, der mich in eine Spirale zieht, hinab zu dem vollständig lichtlosen Schwarz.
Diese Farbe, die eigentlich keine ist, begleitete mich durch mein Leben, unerwünscht und unabänderlich.

Wenn ich vor etwas davongerannt bin, dann vor dem Taumel durch diesen schwerelosen Raum, der mich aus meiner Erdverankerung riss, mich zur Fremden werden ließ, neben dem nahestehendsten Menschen.
Zitternd hockte ich in solchen Momenten in der Schwärze und konnte nichts anderes tun, als einen Tag nach dem anderen vergehen zu lassen.

Der Wind türmt schwere Wolken über mir auf, es regnet ununterbrochen.
Schwarz verdünnt sich endlich, der erste graue Streifen.

Grau ist eine Möglichkeit, es könnte sich ein kleines Hellblau dahinter verstecken.

* Siehe TonSatz-CD *Als Wir Uns Trafen*
Nr. 4 *Innenblau* – Komposition zum Text

Die Ärztin

Sie blickte sich in ihrer Praxis um. Untersuchungsraum, Wartezimmer, Labor und Aufenthaltsraum waren die Symphonie, die sie in monatelanger Kleinarbeit komponiert hatte.
Das farblich aufeinander abgestimmte Mobiliar, die Teppiche, die Lage jeder einzelnen Steckdose – Ausdruck ihres Willens.
Das Schild neben der Eingangstür bezeugte: Sie hatte ihr Ziel erreicht.
Der Stempel auf jedem Rezept war wie Krone und Zepter einer Königin.
Sie genoss jede Unterschrift, denn der Name bewies ihre Macht, Dinge anzuordnen
Da sie sich überlegen wusste, trat sie bescheiden auf.
Den Frauen gefiel die Vertuschung der Macht des Wissens, da sie sich dadurch weniger abhängig fühlten. Sie kamen gerne und vervielfältigten sich per Mundpropaganda. Es war eine gelungene Inszenierung, bei der die Frauenärztin allerdings nie ihre tatsächliche Position vergaß.

Die einzige Gefahr, die ihr drohte, waren Aufzeichnungen über ihre Vergangenheit.
Gespeichert in einem Mikrochip, der in ihr Gehirn eingepflanzt worden war. Das geschah vor vielen Jahren, sie war noch ein Kind.
Sie hasste den Chip, hatte alle technischen Möglichkeiten ausgeschöpft, um das Wissen zu löschen. Es hatte sich als unmöglich erwiesen.
Der Fremdkörper im Kopf bereitete ihr Schmerzen; im Wachen, Träumen und Schlafen. Als sie den Dämon nicht mehr ertragen konnte, klonte sie ihren Körper fünfmal. Die Informationen verteilte sie gleichmäßig in die verschiedenen Gehirne. So waren sie alle gemeinsam eine und dennoch fünf Personen.

Sie waren eins, denn jede Zelle, jedes Gen war identisch – sie waren fünf, denn die Aufzeichnungen waren verteilt, und jeder Kopf musste nur ein Fünftel ertragen. Je nachdem, welchen Anteil ein Hirn erhalten hatte, dachte der Kopf, fühlte der Körper anders. Dies war ihr Geheimnis, und niemals würde es ein Mensch erfahren.

Sie hatte eine Art zu lächeln, den Kopf beim Zuhören leicht schräg zu halten, der die Menschen in ihren Bann zog.

Diese Ausstrahlung bewirkte Bewunderung, Liebe oder bei besonders resistenten Frauen zumindest Sympathie. Prinzipiell ging sie auf Nummer sicher. Bevor eine auch nur ihr Geheimnis hätte erahnen können, brach sie den Kontakt ab. Die aufgeführten Begründungen erschienen glaubwürdig, denn sie glaubte sie selbst. Sie war eine Virtuosin im Zerstreuen und Zerreden von Anhaltspunkten. Es gelang ihr, alle Spuren zu ihrem Ich zu verwischen, so dass sie schließlich selbst nicht mehr aus ihrem Labyrinth heraus fand.

Dieser Ort

kennt Stille
nur als den Moment zwischen zwei Schritten.
Durch die Wände kriecht ein Frauenlachen.
Vor den Fenstern stehen Bäume,
deren tote Blätter in Saugrohren
verschwinden.

Eine Tür gaukelt vor,
es gäbe eine Wahl.
Doch Fragen stellen sich in den Raum,
wie jemand, der ein Recht darauf hat.

Die hier antworten soll,
weiß aus einer früheren Zeit
dass man den Mund öffnen
und Worte herausfallen lassen muss.

Jemand füllt Sätze in ihre Ohren.

Alles, was etwas fühlen könnte,
hört auf zu atmen.
Solange ihr Jackett den Anweisungen folgt,
vergehen an diesem Ort
die Tage auch ohne sie.

Das Schweigen

Sie durchschwieg die Tage. Fragen, die ihr gestellt wurden, ließ sie unbeantwortet im Raum stehen.
Dem Drängen, dem Nachbohren widersetzte sie sich wortlos.
Die Experten waren sich auch ohne ihre Mithilfe einig – die Tatsachen sprachen für sich.
Ein wesentlicher Beweis für ihr Kranksein war der Sachverhalt, dass sie hier war.
Dabei hatte sie nicht einmal die Vernunft gehabt, freiwillig zu kommen.
Sie wollte sich nicht helfen lassen, vom ersten Tag an nicht, und daran hatten Ratschläge, Ermahnungen und Drohungen bis heute nichts geändert.
Glaubte sie, damit durchzukommen?
War ihr nicht klar, wer die Definitionsmacht über den Unterschied von gesundem und krankem Denken hatte?
Der gleiche Satz konnte auf die eine, aber genauso gut auch auf die andere, genau gegenteilige Weise gedeutet werden.
Schweigen dagegen war Widerstand, darum war es eindeutig.
Wer schwieg, wollte nicht mitmachen, es war vorsätzliche Provokation.
Nichtreden stellte die Verfasser von Berichten vor eine Herausforderung. Sie beschrieben die Situationen, in denen die Frau nicht das Erwartete gesagt hatte und deuteten, mit welchem Gesichtsausdruck, welcher Körperhaltung diese Verweigerungen einhergingen.
Wer schwieg, mochte hoffen, die anderen würden irgendwann aufhören zu fragen.
Nachgiebigkeit setzt jedoch Verschleißerscheinungen, nervliche Ermüdung voraus.
Ein Ärzteteam, das sich alle acht Stunden ablöste, war aber immer einsatzbereit.

Vielleicht bildete sich die Frau ein, dass eine Abweichung ihrer psychischen Gesundheit nur dann festgestellt werden könne, wenn von ihrer Seite absurde Verhaltensweisen vorlägen.
Möglicherweise glaubte sie, nichts Verwerfliches getan zu haben.
Sollte sie tatsächlich im Bereich der Norm denken und fühlen, warum verhielt sie sich dann nicht normal und kapitulierte?

Kindheit

Schweigen,
Gedankenfluchten,
Buchstabenverstecke,
Märchen,
Träume.
Und ein geheimer Stern.

Unterricht

Sie goss schon wieder die Geranien.
Ich fragte mich, warum sie ihnen nicht einfach genügend Wasser für den ganzen Tag gab.
Nur ein halbes Kännchen oder gar ein viertel verteilte sie auf die zwölf Töpfe, die sie selbst auf die Fensterbank der Klasse gestellt hatte.
Beim Abschreiten der Blumen warf sie auch immer einen Blick in die Hefte der Kinder – also links Geranium, rechts Dreisatz, links Geranium, rechts Mengenlehre.
Ich wusste immer schon im Voraus, wann sie mich aufrufen würde. An ihrem Atemgeräusch erkannte ich es.
Einem tiefen Einsaugen folgte ein schnelles Auspressen, die Stimme wurde leise: „Falsch, alles falsch."
Ich schaute auf mein Heft.
Natürlich war alles falsch!
Warum tat sie noch so, als ob sie erwartet hätte, dass ich je eine Aufgabe richtig lösen würde?
Nein, sie hat mich nie geschlagen.
Das brauchte sie auch nicht, es reichte, dass sie hinter meinem Stuhl stand, ein Tropfen Wasser über den Gießkannenrand fiel und meinen Nacken hinabrann.
Ich sah die Wange, den Kieferknochen, den Nasenflügel, ihre zu mir herabgebeugte Seitenansicht.
Sie hatte meinem Vater gesagt, dass aus mir nie etwas werden würde.

Er übt jetzt jeden Tag mit mir Rechnen, und ich bekomme von einem Lehrer Nachhilfestunden.
Nun habe ich den Dreisatz tatsächlich verstanden, es wird mir gelingen, in meinem Heft wird eine richtig gelöste Aufgabe stehen.
Die Lehrerin diktiert und bleibt hinter mir stehen.

22

Ich fühle die Gießkanne an meinem Hinterkopf.
Sie geht nicht zu der nächsten Geranie, sondern bleibt, um zu sehen, ob ich etwas dazugelernt habe.
Gebeugt steht sie hinter mir und wartet.
Vom Rand der Gießkanne fällt ein Tropfen in meinen Nacken.

Meine Freundin

Ich saß im Café und unterhielt mich mit meinen Freundinnen. Eine Frau sprach von hinten fragend meinen Namen aus.
Die Stimme konnte ich keiner Person zuordnen, und doch schien sie mir vertraut. Als ich mich umdrehte, wusste ich im selben Augenblick, dass nur SIE es sein konnte.
SIE, die von einem Tag auf den anderen aus meinem Leben verschwunden, SIE die ich so vermisst hatte, dass es mir vor Traurigkeit schlecht gewesen war, SIE, um die ich nächtelang geweint hatte.
Jetzt stand sie hinter meinem Stuhl und wartete auf eine Antwort.
„Ja, ich bin es." Mehr vermochte ich nicht hervorzubringen.
„Möchtest du dich zu mir setzen?" fragte sie.
Auch diesmal brachte ich nur ein „Ja" zustande.
Was meine Freundinnen wohl gedacht haben mochten, als ich mich wie eine Traumwandlerin zu ihr an den Tisch setzte? Meine Verwirrung war so groß, dass ich kein erklärendes Wort zu ihnen gesagt hatte, als ich aufstand.

Wir berichteten einander, welcher Arbeit wir inzwischen nachgingen, wo wir wohnten. Es wunderte mich nicht im Geringsten, dass sie mich nach all den Jahren erkannt hatte, schon damals besaß sie ein unglaublich gutes Gedächtnis für Stimmen. Doch diesmal hatte sogar sie gezweifelt, schließlich waren wir damals noch Mädchen gewesen und meine Stimme inzwischen dementsprechend tiefer und ausdrucksstärker geworden.
Das erste Mal war sie gekommen, weil ich weinte. Dabei lag ich im Bett, und außer einem leisen Schluchzen und Schniefen in das Taschentuch war gar nichts zu hören.
„Ich wohne jetzt neben dir", sagte sie, setzte sich auf die Bettkante und legte Papiertaschentücher auf mein Kopfkissen.

Jedes Mal, wenn ich an diesen ersten Abend dachte, fragte ich mich, warum ich nicht erschrocken war.
„Wie bist du hereingekommen?“, fragte ich nur.
„Ich bin aus meinem Fenster geklettert, auf den Rasen gesprungen und dann bei dir eingestiegen.“
Es war Sommer, und beide Flügel waren weit geöffnet.
Auch ich hatte trotz ständiger Ermahnungen meiner Mutter diesen Weg schon oft genug als Abkürzung in den Garten genutzt.
„Warum weinst du?“
„Ich fürchte mich, wenn ich allein bin, meine Mutter hat Nachtdienst. Außerdem habe ich Angst im Dunkeln.“
„Mach doch Licht.“
„Das geht nicht. Dann kommt die Nachbarin. Ich soll nur Licht machen, wenn irgendetwas ist. Hast du denn keine Angst, wenn es finster ist?“
Ich konnte nur ihre Umrisse sehen, aber ich fühlte, dass sie lächelte.
„Nein, warum auch. Pass auf, ich muss zurück, aber denk daran, mein Zimmer ist genau neben deinem. Wenn du Angst hast, klopf leise.“
Ich war viel zu aufgeregt, als dass ich noch an meine Angst hätte denken können.

Meine Mutter wunderte sich, denn ich verabschiedete sie am nächsten Abend freudestrahlend.
„So kenne ich dich ja gar nicht“, doch dann schaute sie auf die Uhr, gab mir einen Kuss, machte das Licht aus und eilte davon. Wie sehr wünschte ich mir, dass das Mädchen wiederkäme. Doch durfte ich klopfen, obwohl ich mich heute Abend gar nicht fürchtete? Wir wohnten noch nicht lange hier, darum hatte ich keine Freundin. Zu gerne hätte ich eine so mutige Freundin gehabt, die sich traute, nachts aus dem Fenster zu klettern, durch den dunklen Garten zu schleichen und in eine andere Wohnung einzusteigen. Ich hätte

mich das nie gewagt! Ob sie böse wäre, wenn ich klopfte, obwohl gar nichts geschehen war? Wahrscheinlich wollte sie sowieso keine „Angsthasenfreundin“, wenn sie selbst so mutig war. Ich überlegte hin und her und konnte mich nicht entschließen.

Da hörte ich die gleichen leisen Geräusche wie gestern.

„Ich wollte dir gute Nacht sagen.“

„Komm unter die Decke, damit du keine kalten Füße kriegst.“

Sie legte ein dickes Buch auf mein Bett.

„Ich lese dir noch eine Geschichte vor.“

„Das geht leider nicht, ich habe keine Taschenlampe.“

Sie bekam wieder diese Stimme wie gestern, als ich mir sicher war, dass sie lächeln würde, obwohl ich ihr Gesicht nicht sehen konnte. Es hörte sich tatsächlich so an, als ob sie vorläse.

„Du kannst aber gut Auswendiglernen!“

Jetzt lachte sie.

„Ich lese dir wirklich vor – es ist ein Braille-Schrift Buch.“

Ob das eine Geheimschrift war, so etwas Ähnliches wie Morsezeichen, wo eine bestimmte Anzahl von Klopfzeichen einen entsprechenden Buchstaben bedeutete?

Fast hätte ich sie es gefragt, aber da ich beim ersten Mal schon geweint hatte, wollte ich nicht, dass sie mich für eine Heulsuse hielt, die außerdem noch dumm ist.

Deshalb sagte ich nur: „Hmmm“.

Sie reichte mir das Buch, und ich fühlte kleine Punkte. Ein so tolles Geheimbuch hatte ich noch nie in der Hand gehabt. Wenn doch auch ich lernen könnte, diese Schrift zu lesen.

Manchmal stellte sie mir merkwürdige Aufgaben. Zum Beispiel sollte ich ihr genau die Farbe Rot erklären.

„Rot ist eben rot.“

„Wie ist es genau?“

„Rot wie Blut, rot wie Klatschmohn, rot wie ein Sonnenuntergang, rot wie Kirschen, rot wie rote Johannisbeeren.“

Es schien mir, als hätte ich ihre Aufgabe nicht gut gelöst, doch sie wechselte das Thema.
Eines Abends fragte ich sie, in welche Schule sie ginge, und warum ich sie tagsüber noch nie getroffen hätte. Ich tat dies in der Hoffnung, dass sie vielleicht auf dieselbe Schule ginge, in die ich nach den Sommerferien kommen würde. Dann hätte ich schon eine Freundin und wäre nicht allein unter lauter fremden Kindern. Sie antwortete, sie wäre müde und ging.
Ich spürte, dass sie solche Fragen nicht mochte, also ließ ich sie damit in Ruhe, denn noch größer als meine Neugierde war die Angst, sie würde nicht mehr wiederkommen.
Auch meiner Mutter verschwieg ich die Besucherin, denn ich befürchtete, sie würde es nicht zulassen, dass ein anderes Kind nachts durch den Garten schlich und zu mir hineinkletterte. Wie sollte ich ihr erklären, dass es eben einfach meine Freundin war, auch wenn sie tagsüber wie vom Erdboden verschluckt schien? Ich wusste ja den Grund selbst nicht, und er schien mir auch unwichtig – Hauptsache, wir waren abends zusammen.
Meine Mutter lobte mich, weil ich nun endlich Vernunft angenommen hätte und freundlich dreinschauen würde.

Es war ein Dienstag. Das weiß ich so genau, weil Mutter mir immer erlaubte, die Blätter des Kalenders abzureißen. Sie unterhielt sich mit der Nachbarin aus dem ersten Stock.
„Die Mutter von dem blinden Mädchen ist wieder aus dem Krankenhaus gekommen. Ihre Tante ist gerade mit ihm weggefahren."
„Ja, ich habe doch manchmal gehört, dass Frau Schröder mit jemandem geredet hat. Warum hat man das Kind nie zu Gesicht bekommen?"
„Ich habe es auch in den ganzen Sommerferien kein einziges Mal draußen gesehen. Vielleicht ist es Frau Schröder unangenehm gewesen."

Frau Schröders Wohnung?
Das war die Wohnung im Untergeschoss, genau neben unserer.
Plötzlich begriff ich, von welchem Kind sie sprachen.
Und ich vermisste meine Freundin, noch bevor es Abend wurde.

Zuhause

Schon immer habe ich zwei Zuhause.
Nicht, dass ich schon immer dort wohnen durfte – lange waren es Orte der Heimlichkeit.
Ich saß in einer Küche mit kleingemusterten Tapeten, schälte Kartoffeln, stickte Blumenmotive, lernte Englischvokabeln.
Abends lag ich in einem Bett, in einem Raum, den ich gelernt hatte, mein Zimmer zu nennen.
Erst wenn endlich das Licht gelöscht wurde, begann mein Tag. Unter der Bettdecke, im Schein der Taschenlampe, öffnete ich das Liederbuch, suchte ein Lied aus und stieg hinein.
War ich glücklich, lieh ich mir eine Notenlinie als Springseil oder warf sie wie ein Lasso und fesselte Achtelnoten zu dicken Bündeln.
An ernsten Tagen sprach ich mit den ausgefüllten ganzen Noten, und besonders das eingestrichene G nahm sich beim Zuhören alle Zeit der Welt.
Dieses G war es auch, das mir zuflüsterte, ich solle mich auf den Weg machen nach etwas ganz Eigenem.
„Aber die Musik ist mein Zuhause“, protestierte ich.
„Öffne das blaue Buch“, lächelte das G, und plötzlich sah ich nur noch eine Liederfibel mit Volksliedern vor mir liegen, die Noten taten, als ob wir nie miteinander gesprochen hätten.
Da schlug ich das blaue Buch auf, das in Wirklichkeit nur ein Schulheft war und nicht einmal Zeilen oder Rechenkästchen hatte.
Ich betrachtete die weißen Seiten, und als ich sie lange genug angesehen hatte, verwandelten sie sich zu Schneefeldern und Sahnetorten und Kindersärgen und Kommunionskleidern und Häuserwänden und Kleeblüten, und ich stieg in das blaue Buch und fand dort mein zweites Zuhause.

Wenn aber endlich der Tag kommt

Ich habe den Fehler immer sehr bedauert. Dabei war es durchaus nicht mein eigener und wahrscheinlich nicht einmal die bewusste Absicht des Verursachers.
Vielleicht war es einfach nur ein Irrtum oder das Ergebnis einer kleinen Unachtsamkeit.

Wie oft hatte ich mir früher selbst die Schuld zugeschrieben, es als selbstverständlich hingenommen, dass ich mich ändern, anpassen müsste an das Richtige.
Richtig – diese Größe, die als unumstößlicher Begriff über mir schwebte, die ich zu begreifen und zu definieren suchte, um aufs immer Neue als Beurteilung in den Blicken der anderen zu lesen: falsch, falsch, ganz falsch!

Im Laufe der Jahre habe ich dank meiner guten Beobachtungsgabe immerhin dazugelernt, was als das Richtige erwartet wird.
Nicht, dass ich es selber als solches empfände, aber machen es Menschen, die sich im Wald verirren – ich meine nicht beim Spaziergang für ein paar Stunden, sondern wirklich in der Wildnis der Wälder –, nicht auch so?
Passen nicht auch sie sich den Gegebenheiten an?
Ich sah sie Mäuse, Schnecken und Würmer verschlingen, um zu überleben, und ich fresse den Müll ihrer von ihnen selbst so hochgeschätzten Zivilisation und Moral.

Wenn ich die Wahrheit offenbarte, dass ich kein Mensch bin, nie einer war, würde nicht sofort ein psychiatrisches Gutachten über mich erstellt?
Wie aber kann ein Wesen aus der Anderswelt der Trolle, Elfen, Zwerge, Nachtschatten und Nebelträume von hier aus in seine Heimat zurückkehren?

Ich habe den Fehler immer sehr bedauert. Dabei war es durchaus nicht mein eigener und wahrscheinlich nicht einmal die bewusste Absicht des Verursachers.
Vielleicht war es einfach nur ein Irrtum oder das Ergebnis einer kleinen Unachtsamkeit.
Die Folge aber ist eine lebenslängliche.

Wenn jedoch endlich der Tag kommt, an dem ich diesen Menschenkörper wieder loswerde, dann liegen die Jahrtausende vor mir, und ich werde in den Tiefen der Moore schlafen, tanzen mit den weißen Flussnebeln und heulen mit den eisigen Winden der arktischen Nächte.

Fremd

Fremdsein.
Mein vertrautes Gefühl.

Hier wegzugehen
müsste sich anfühlen wie ein weißes Blatt Papier.
Ich kenne die Windungen des Flusses
und die Stimmen derer, die nicht mit mir sprechen.

Ein Schritt.
Ein zweiter.

Der Morgen täuscht Helligkeit vor.
Als ob es ein Dort geben könnte
ohne mein vertrautes Gefühl.

Fremdsein.

Trommelwirbel

Wo ist die Fremde?
Ist es der Ort, an dem Zimtstangen wachsen oder Muskatnüsse gedeihen?
Erkenne ich sie am Trommelschlag auf gespannte Tierhäute, am Klang ausgehöhlter Holzstäbe?

Wo ist Zuhause?
Ist es der Gedanke, dass es etwas gäbe, was zu mir gehört oder ich zu ihm?
Träume von einem Ort, einem Menschen, der mehr Bedeutung hätte als eine vorübergehende haben sich eingenistet und flüstern mir Melodien ein.
Ich werfe dir Trommelwirbel zu, du fängst den Rhythmus auf und lässt die Tonleiter Saltos schlagen.

* Siehe TonSatz-CD *Losgehen und Möglichkeiten atmen*
Nr. 17 *Redobles de tambor* – Liedkomposition zum Text
Übersetzt ins Spanische
(Übersetzung Eva Batt und Christina Falk)

Klarinettenspiel

Glattes, schwarzes Ebenholz. Die Fingerkuppe strich darüber, erklomm die Metallklappe, rutschte auf den Korpus zurück. Ungeduldig griffen beide Hände zu, tasteten nach noch stillen Tönen. Die Lippen, im Lenken des Luftstromes geübt, prüften das Schilfblatt des Mundstücks.

Die Kunst, dem Publikum das Gefühl zu geben, dies sei ein Spiel, gehörte dazu. Denn erst die Schwerelosigkeit der Tongebilde ließ Honoratioren und intellektuelle Kritiker die Stelle im Körper spüren, deren Namensnennung allein schon in der Kunst verpönt ist.

Ich spazierte die Tonleiter hoch, rutschte durch den Spalt des Schilfblattes in deinen Mund, kletterte über die Zunge, begann, deinen Innenkörper zu betrachten.

Was ich zu finden hoffte, war die Ursache.

Ich wollte ergründen, was es bewirkte, dass deine Züge beim Spielen weich wurden und zart und bestimmt deine Hände.

Bevor ich die Antwort finden konnte, katapultiertest du mich mit kräftigen Luftstößen durch die hölzerne Röhre hinaus, die schrillen Überblastöne ließen mich zusammenschrecken.

Du schwenktest um auf eine eingängige Melodie, doch ich habe die Zwischentöne verstanden, die eine Grenze ziehen und mich an dir abprallen lassen.

Rückblick

Bratkartoffeln, Grillhähnchen, Schnitzel, Nudelauflauf, selbstgemachtes Eis – Vokabular einer eigenen Sprache, da wo schon lange keine Worte mehr waren.
Ich habe uns im Verweigern des Gewohnten langsam aufgetrennt, bis wir wieder du und ich waren – die zwei Fremden.
Du kochtest für mich, weil du eine Brücke suchtest, damit wir gemeinsam an dem Tisch in der Küche sitzen konnten.
Die Speisen verströmten einen Duft von zu Hause – dem Ort, nach dem ich seit Anfang meines Denkens suche, an jedem Platz ahnend, dass er sich als Irrtum erweisen wird.
Dass ich auf dem Stuhl saß, ließ dir dein Alleinsein aushaltbar erscheinen – auch du seit Anbeginn deines Bewusstseins heimatlos.

Was du mir nicht warst, war auch ich dir nicht.

Abschied

Gelb – Grün,
Frühlingsworte,
Löwenzahnfarben,
Sommerwiesen sattgesogen von der Hitze des Nachmittages.

Grün – Gelb,
Sonnenblumen
blühen auf weit gestreckten Feldern
ahnungslos der Ernte entgegen.

Das Grün des Ahornbaumes vergilbt.

Unsere Blicke trafen sich.
Ich schöpfe grünschillerndes Wasser.
In meiner Hand verliert sich das Meeresschimmern.

Wir drehen uns um
und gehen.

Als ob Hände etwas halten könnten

oder gar das Herz.
Die Zeit erwartet kein Vertrauen,
denn alles was beginnt, wird enden.

Da jeder Weg in die Irre führt,
kann der Tag heiter darauf wandeln.
Unter seinen Füßen knirschen Hoffnungsscherben,
bereuen Konjunktive ihre Vergangenheit.
Hier und da pflückt er eine Illusion,
malt die Leere der Stunden mit bunten Farben aus.

Noch sehnt sich mein Herz.
Als ob Hände etwas halten könnten.

Kaminfeuer

Im filigranen Gezweig der Vergangenheit bauen Igel Burgen.
Kisten mit getrocknetem Sommerschatten ins Haus getragen.
Wärme scheitweise in Körbe gelegt.
Dem Streichholz als Vorspeise weiß-graue Baumhaut in zusammengeknüllten Katastrophenmeldungen kredenzt.
Flammen lecken bläulich an hölzernen Filetstücken.

Zwei eingeritzte Herzen fangen Feuer.
Knistern uns das Lied der Nachtigall.

Wenn dieser Tag tanzt

Wolken vom Bleiben träumen,
Bäume vom Flug mit dem Wind.
Der Rubin sein Rot tauscht
gegen den Gesang des Vogels.
Der Schlag meines Herzens
sich nicht fremd anfühlt.

Wenn dieser Tag liebt.

Ein Klang

zu leise
im Wirbel der Redestürme.

Ein Alleinsein.
Still
aus der Welt gefallen.

Ein Garten.
Gedichte blühen,
und nicht verloren gehen zarte Töne.

Wort und Klang –
ein Lied.

Der Himmel.

Chamäleongrün

auf dem Stuhl sitzen.
Heute zählt nur die Sonne.

Rannte all die Jahre.
Dachte, das würde immer so bleiben.

Sitzen, als gäbe es nur diesen Moment.

Körpersäule

Meine Körpersäule, nicht mehr aufrecht.
Rippen, wie gebrochene Äste, verkürzen Muskeln den Weg.
Kleine Schmerzen wechseln sich mit großen ab.

Heute ist ein Feiertag,
denn ich sitze gerade auf einem Stuhl.
Wie viele Stunden ich bereits von unten
Menschen ansah, die sich über mich beugten,
Wandecken betrachtete,
Wolken durch Fensterglas hinterherblickte,
will ich heute nicht nachrechnen.

Ich gehe freihändig die Straße der Stadt entlang,
die Hände erholen sich vom Griff um den Stock.

Meine Leichtigkeit schmuggle ich mit in das Bett,
denn Nachtträume lauern bereits unter der Decke.

Das schwarze Quadrat

Meine Füße nahmen das schwarze Quadrat in Besitz.
Sie stampften zu dem Schlagzeugsolo, folgten federnd dem Saxophon, transformierten den Bassrhythmus in Bewegungsbilder.
Ich kam meistens als erste in die Diskothek. Die Aschenbecher waren noch leer, niemand saß auf den niedrigen Holzbalken, der Wirt stand gelangweilt hinter der Theke.
Die Kugel, die über der Tanzfläche die Lichter der verschiedenfarbigen Strahler brach, drehte sich dann nur für mich.
Da ich mit geschlossenen Augen tanzte, merkte ich nur an meinem sich immer weiter einengenden Bewegungsradius, dass sich das Lokal füllte.
Wenn der Platz sich so verringerte, dass ich zu oft die Körper der anderen Tanzenden berührte, verließ ich die Fläche.
Auf einem der Holzbalken sitzend, folgte ich dann mit den Augen den Schritten der anderen.

Die Wurzeln traten über der Erde hervor wie angeschwollene Adern einer gealterten Menschenhand.
Sicheren Fußes durchschritt ich die wassersaugenden Bodenkronen der Bäume.
Feuchtbemooste Steine und brüchige Äste verlangten Muskeln, Sehnen und Gelenken Aufmerksamkeit ab.
Die weglose Waldwildnis war schon immer meine Kirche, meine Zuflucht.

Die Holzscheite trug ich mit Weidenkörben in mein Haus.
Rücken beugen, Körbe befüllen – raue Scheite versprachen gelbe Flammen gegen hellbesternte Winternachtskälte.

Wenn es für mich ein Heimweh gibt, dann nach Füßen, die mich dahin tragen, wo die scheuen Waldvögel brüten, nach einem Rücken, der sich zuverlässig beugt und aufrichtet, nach Beinen, die stehen ohne Schmerz und Zittern.

Wenn es für mich eine Heimat gab, dann war es dieser Körper, der mein Glück und meine Kraft hineintanzte in das schwarze Quadrat.

Dein Wunsch

Du liegst unter dem Sternenhimmel, ein kleines Feuer prasselt leise.
Dein Blick hält sich an der Glut fest, und unsere Hände verschränken sich ineinander, um gemeinsam Kraft zu sammeln für deinen Weg.
Die Krankenschwester legt eine wärmende Decke auf deinen sich verabschiedenden Körper, stützt den Kopf, damit der Mund das gereichte Wasser findet.
Du willst diesen wichtigen Moment nicht in fremden vier Wänden erleben, du sagst, dies sei kein Platz, um zum Ende der Schmerzen zu gehen.

Ich frage mich, warum es ein aussichtsloser Kampf war, dir diesen kleinen Wunsch zu erfüllen: Ich sollte dein Bett hinausschieben auf den grünen Gürtel des funktionalen Betongebäudes.
Du hast Wiesen immer geliebt, und dies ist noch nicht einmal eine, aber du hättest dich auch mit dem blumenlosen Rasen zufriedengegeben.

Dieses Haus braucht keine Gitter, Sterbende machen keine Fluchtversuche.
Hätte ich nicht protestiert, lägest du in dem kleinen Raum am Ende des Flures.
Um mich zu beruhigen, bekamst du ein Zimmer mit Fensterplatz, an dem wenigstens der Mond deine Wange berührt.

Dein Leben hätte einen anderen Abschied verdient; allen, die hier in der Zwischenzeit liegen, wünschte ich einen anderen Abschied.
Die Verantwortlichen geben sich Mühe. Die Schwestern sind freundlich, obwohl sie für zu viel Krankheit und Tod zuständig sind. Auch die Ärzte nicken dir zu.

Aber selbst ich, die nie Angst hatte vor dem Tag, der das Leben abrundet, fühle das Grauen dieses perfekt organisierten Ortes.

Obwohl ich dein Fenster öffnen durfte, scheint selbst die Abendluft sich abzuwenden.
Ich wünschte, du lägest unter dem Sternenhimmel, und ein kleines Feuer prasselte leise.
Dein Blick hielte sich an der Glut fest, und unsere Hände verschränkten sich ineinander, um gemeinsam Kraft zu sammeln für deinen Weg.

Weiße Kristalle

rieseln weich aus meiner Hand
hinab
in das ausgehobene Erdloch.

Morgen werde ich wieder hier stehen
mit denen,
die dich ein letztes Mal begleiten.

Auf dich blickte niemand
wie auf den Vogel
mit dem schimmernden Gefieder.

Doch mir war dein Leben wie Salz.
Unbemerkt tatest du das Notwendige.
Deine Abwesenheit lässt mich den Wert begreifen.

Wenn bunte Federn
verschlissen sind,
was bleibt dann übrig?

Weiße Kristalle
hast du in mein Herz gestreut,
um mich auszurüsten
für meine vorübergehende Zeit.

Fenster

Ich sitze mit dem Rücken zum Fenster. Nein, ich schaue nicht hinaus.
Ich will ihn nicht sehen, diesen Frühling. Vögel zwitschern mich morgens wach, als ob ich ihn haben wollte, diesen bevorstehenden Tag.
Die Hummel, die sich in meine Wohnung verirrt hat, brummt laut.
Ich stülpe ein Glas über das pollenbeladene Insekt.
Was soll ich tun, ich kann nicht die Hummel freilassen, ohne gleichzeitig nach draußen zu sehen.
Wenn ich auch meinen Blick hauptsächlich auf den Fensterspalt konzentrieren würde, sähe ich doch Ausschnitte des Gartens.
Schlehen, Forsythien, Zierjohannisbeeren – alles Provokationen.
Als ob es unbedeutend wäre, was geschehen ist, als ginge immer einfach alles so weiter.
Vielleicht könnte ich ihr Wachsen, Blühen und Duften ertragen, wenn sie wenigstens einen Tag, eine Stunde, innehalten würden.
Zumindest eine Minute Schweigen der Vögel, eine Minute ohne Bienenflug und Blauhimmel.
Wenn die Blumen nicht buntfarbig das Erwachen des neuen Lebens feiern würden, als hätte sich nicht alles geändert.

Verabschieden

Staunend über eigene Stimmungsspiegelbilder
fühlte sie die Erwartung des Neuen
wie ein Zukunftsversprechen in sich ringen
mit der Ruhe des Vertrauten.
Vertrautes verabschieden – ihre Mutprobe,
ob sie noch lebte.

Pulsatillablüten

Sie hatte nicht den Wecker gestellt, sondern bis in den Vormittag hinein geschlafen. Zum Frühstück kochte sie ein Ei, steckte eine Kerze an und stellte die Vase mit Tulpen, Traubenhyazinthen und Zierjohannisbeerzweigen auf den Küchentisch.
Sie glaubte all die Jahre, in denen sie sich diesen Tag vorgestellt hatte, es würde nicht auszuhalten sein.
Wenn andere davon sprachen, ging sie weg. Dann kamen ihr die Tränen im Voraus, im Hinblick darauf, dass auch für sie selbst dieser Moment früher oder später eintreffen würde.
Sie dachte, dies sei der Abschied von der Innenstille, deren Räume bedeckt waren mit Erde, umrankt von Heckenrosenwänden, und deren Mittelpunkt ein Lager aus Pulsatillablüten bildete.
Der Verlust aller Farben, die Abwesenheit zarter und intensiver Düfte, das Herausfallen aus dem Lebensrhythmus des Jahres – all das war für sie die Vorstellung von der Zeit, die unabänderlich dieser Arbeit folgen müsste.

Weil es so ein wichtiger Tag war, bedeutsamer als ihr noch ausstehender vierzigster Geburtstag, zog sie langsam die Gartenjacke an, öffnete langsam die Schuppentür, umschloss langsam den Griff des Spatens.
Heute machte sie all die jahrelang getanen Dinge in einem zeitvergessenen Tempo, vielleicht auch, weil sie alles noch einmal genau spüren wollte.
Vergissmeinnicht und Lungenkraut blühten, andere Stauden wirkten noch abgestorben.
Doch das war unwichtig, denn sie kannte genau den Platz jeder Pflanze.
Um Akelei und Eisenhut machte sie sich keine Sorgen, die waren auf ihre Unterstützung nicht angewiesen. Sie würden dem Gras

trotzen und sich von Disteln und Brennnesseln nicht wegdrängen lassen.
Auch Margeriten und Topinambur traute sie zu, sich alleine zu behaupten.
Aber die anderen?
Das blieb abzuwarten.

Gewiss, sie hätte jemanden bitten können, die Stauden auszugraben, zu ihrer Wiese hinter dem Haus zu tragen und dort einzupflanzen.
Das wäre auf jeden Fall das Vernünftigste gewesen, denn für sie war die Gartenarbeit schon lange zu anstrengend.
Aber wenn sie all die Jahre schon unvernünftig gewesen war, konnte sie es dieses eine Mal auch noch sein.
Sie stach kleine Stücke ab. Es war ein Unterschied zu früheren Jahren, als sie die Stauden großflächig herausholte und zusammen mit den schweren Erdbrocken in die Schubkarre hob.
Auch lud sie die Karre nicht mehr voll, höchstens bis zur Hälfte, und transportierte Phlox, Funkien und Schwertlilien.
Wie so oft in den letzten Jahren ärgerte sie sich über sich selbst, dass sie schon so bald eine Pause brauchte.
Dabei lag die wirklich schwere Arbeit erst vor ihr.
Dennoch ging sie in das Haus, setzte sich und trank eine Tasse Tee.

Die Unterbrechung tat den Beinen und dem Rücken gut.
In ihr aber wuchs die Ungeduld, die Wut auf diesen Körper, der sie mit den Dingen, die sie tun wollte, im wahrsten Sinne des Wortes einfach sitzen ließ.
Wie oft hatte sie versucht, ihren Willen gegen ihn durchzusetzen, seine Müdigkeit, das Zittern der Beine, die Schmerzen des Rückens zu ignorieren. Stärker wollte sie sein als ihre Muskeln, Gelenke und Wirbelsäule.

Diese ließen sich Wanderungen, Gartenarbeit und Tanzabende zwar aufzwingen, dann aber zahlten sie es ihr heim, indem sie das Zusammenspiel verweigerten, und jede Bewegung sich schmerzhaft in ihre einzelnen Aspekte zerlegte.
Das eigene Lebenstempo – zwiegespalten.
Ihr Tatendurst gebremst wie von betongegossenen Wellenbrechern.

Natürlich gab es keine logische Begründung dafür, die Stauden auszuheben und woanders einzusetzen.
Sie hätte sie dort stehen lassen und einfach nicht mehr pflegen brauchen oder sie an andere Leute verschenken können.
Doch eine Erklärung brauchte sie auch gar nicht, ihr war es wichtig, und das genügte als Grund.

Sie verließ das Haus wieder, kehrte zu der Wiese zurück und begann mit dem Ausstechen der Erde.
Der Gartenboden war locker gewesen, das Erdreich der Wiese dagegen fest und stark durchwurzelt.
Schon nach wenigen Spatenstichen war ihr klar, dass sie höchstens eine halbe Schubkarre pro Tag schaffen konnte.

Schon drohte der Rücken wieder. Sie kannte seine Sprache genau. Inzwischen war ihr Respekt zu groß, als dass sie versucht hätte, den Schmerz zu übergehen. Also ließ sie den Spaten und die Karre stehen und ging zum Haus zurück.

Tag für Tag grub sie ein paar Stauden um. Dabei nahm sie hin, dass sie sich kein Ziel setzen konnte, sondern ihr Körper an dem einen Tag mehr, an dem anderen weniger zu vollbringen vermochte.
Zum Schluss ebnete sie die leeren Beete ein und säte Rasen darauf.
Die Sonne schien warm, so dass sie die Jacke ausziehen konnte.

Noch einmal betrachtete sie das Erdreich, sah jede Blume vor sich, die ab jetzt nicht mehr hier blühen würde.

Auf dem Weg zum Haus wunderte sie sich, dass der Himmel heute so ritterspornblau war und das neue Laub der Birke fast so weich wie die Blüte von Pulsatilla.

Die Jägerin

Je länger ich sie betrachtete, umso mehr bezweifelte ich, dass sie tatsächlich war, was sie nach außen darstellen sollte. Bei der Vase mit dem Titel *Afrikanische Wasserträgerin* handelte es sich um ein Unikat, das schon in verschiedenen Ausstellungen präsentiert worden war. Obwohl ich üblicherweise sparsam bin und noch nie ein so teures Kunstobjekt erworben hatte, konnte ich der Anziehung dieses Gegenstandes nicht widerstehen.

Zuhause befüllte ich sie mit Wasser und Forsythienzweigen.
Da ertönte aus ihrem Inneren ein Lied, in einer mir gänzlich fremden Sprache.
Die Klänge wirkten wild, fast archaisch. Meine Zweifel, dass in diesem Gefäß tatsächlich die Seele einer Wasserträgerin wohnen sollte, verstärkten sich.
„Ist deine Seele in die falsche Form geraten?"
Die Vase seufzte.
„Wessen Geist trägst du dann in dir?"
„Ich bin eine Jägerin. Als ich starb, verbrannten Verwandte meinen Körper, damit die Seele wieder frei würde. Die hochgewirbelten Ascheteilchen senkten sich nach einer Weile auf den Boden herab. Als das letzte die Erde berührte, hätte meine Seele aufsteigen und mit den Geistern der Lüfte verwehen können. Sie war aber noch müde vom Sterben des Körpers und schlief auf der Tonerde unter ihr ein.
Als ich erwachte, begriff ich, dass diese zu einer Vase verarbeitet worden sein musste. Da eine neue Form mein Wesen umschloss, war es daran gebunden, und nun muss ich in dieser Hülle leben."
„Soll ich dich in Stücke schlagen?"
„Nein, ich bin viele Jahre durch die Weite gestreift, ich möchte gerne eine Weile auf einem Platz bleiben, von dem aus ich das Nahe sehe."

Um ihr Respekt zu erweisen, ließ ich es nie an Blumen oder Blütenzweigen mangeln.
Sie stand auf meinem Fensterbrett, und ich wusste, dass ihr nichts entging, was in der Umgebung meines Hauses geschah.

Eines Abends bat sie schließlich doch: „Befreie mich! Schlage die Vase in kleine Stücke und zerstampfe die Scherben."
Ich tat, wie mir geheißen wurde.
Als von dem Gegenstand nur noch Tonbröckchen und Staub zu sehen waren, zeigte sich eine Schattengestalt.
„Damit ich in das Reich der Lebenden zurückkehren kann, will ich die Tiere befreien. Aus Dankbarkeit werden sie die Lebensgöttin um eine neue Menschengestalt für mich bitten."
Ich verstand nicht, wovon sie sprach.
„Dein Nachbar dankt den Tieren, die er gefangen hat, nicht für das Fleisch, das sie ihm schenken, damit er satt wird."
„Er hat die Schweine nicht gefangen sondern züchtet sie und verkauft das Fleisch weiter."
Sie achtete nicht auf meine Worte.
„Den Tieren gebührt Dankbarkeit und Achtung. Die Göttin des Lebens ist erzürnt darüber, wie schlecht er ihre Geschöpfe behandelt."
Die Schattengestalt drehte sich um und ging.
In der nächsten Nacht kehrte sie wieder.
„Ich wollte ihn töten."
Ihre Worte ließen mich zusammenzucken.
Erschrocken fragte ich: „Du hast ihn doch nicht etwa verletzt?"
„Nein, er ist unverletzlich, da sein Herz bereits versteinert im Totenreich liegt."
„Du bist ja verrückt!"
„Du willst sagen, dass ich krank bin? Ich?"
Zornentbrannt blickte sie mich an, ihre Stimme wurde schneidend.
„Wenn der Morgen graut, wird deine Seele ihre Gestalt verlassen,

du wohnst dann in seinem Stall, und deine Schreie sind in seinen Ohren nur die eines Schweines!“

Ich wollte widersprechen, doch sie sammelte wortlos den Tonstaub auf, warf einen Teil in meine Richtung, den Rest aus dem Fenster und sprang hinterher.

In einen Greifvogel verwandelt, flog sie davon.

Ich blieb allein zurück und wusste, bald würde das Morgenlied der Amseln erklingen.

Märchenwürfel

Zwanzig Würfel, auf jeder Seite ein Stück Märchenmotiv. Schneewittchen, Hänsel und Gretel, Aschenputtel, Froschkönig, Dornröschen, Rotkäppchen. Wie liebte ich als Kind dieses Spiel!
Ich schütte den Behälter aus und füge das Pfefferkuchenhaus zusammen. Es folgt der Hänsel, dann die Gretel. Alsbald sind noch eine Katze, ein braun-grünes Kleid und beschuhte Füße zusammengesetzt.
Nur der Kopf fehlt noch.
Ich betrachte den letzten Quader in meiner Hand – ihr Haupt.
Runzlige Haut, krummnasig – hat den bösen Blick an sich.
Ich kann sie nicht nur mit Korpus stehen lassen. Woher wüssten die Kinder dann, dass es die böse Hexe ist?
Ohne dieses Zerrbild eines Gesichtes wäre auch ich nicht überzeugt, dass es gerecht ist, sie in das Ofenloch zu werfen; sie zu verbrennen, wie die vielen Hexen vor ihr verbrannt wurden.
Eine passende Strafe für eine, die verirrte Kinder zum Pfefferkuchenhaus lockt und im Käfig mästet, um sie zu schlachten.
Wenn ich die Abbildung durchschauen könnte, sie demaskieren, welches Angesicht wäre wohl dahinter?
Vielleicht eine Frau mit wilden Träumen, heilkundig, die geheimes Wissen und aufrührerische Gedanken hat?
Lachend reitet sie mit dem Besen über den Wolken, ihr freier Flug um den Erdenball, ihr Tanz mit Mond, Mars und Venus rüttelt an der unverrückbaren Wahrheit, dass die Erde eine Scheibe ist.
Männer in schwarzen Frauenkleidern fangen sie mit Lügennetzen, erschlagen sie mit Rosenkränzen.
Die Hexe brennt, die Hex‘ ist tot!
Sie nimmt ihr Kräuterwissen mit in die Flammen und alle Weisheiten, die sich für Weiberleute nicht gehören. –
Der blaue Planet ist nun wieder der Mittelpunkt der Welt. Die Gestirne als Nachtleuchten am Himmelsgewölbe aufgehängt.

Winter

Eigentlich hätte sie zufrieden mit sich sein können. Auch dieses Buch hatte sie zügig und diszipliniert durchgearbeitet. Die Hausarbeit würde zwei Stunden in Anspruch nehmen, dann wäre Mittagspause.
Ab fünfzehn Uhr könnte sie sich dann Lektion für Lektion mit dem nächsten Computerlehrbuch befassen. Sie nahm sich vor, nicht länger als einen Monat dafür zu brauchen.
Es war eine gute Entscheidung gewesen, dem Wochenablauf eine feste Struktur zu geben. Früher türmten sich die Tage wie eine riesige Torte vor ihr auf. Der erste Blick darauf verspürte noch Lust. Mit jedem weiteren Stück, das sie hinter sich zu bringen hatte, blähten sich die Stunden jedoch zu Zeitgebirgen, deren Minuten sie löffelweise abtragen musste.
Bisher brachte sie ihr Leben weitgehend mit Phantasieren zu.
Ach, wie viele Träume hatte sie schon angesammelt!
Zum Beispiel den von dem großen Acker, den sie nur mit Blütenbüschen und Blumen bepflanzen wollte oder den von dem Haus, in dem sie mit Freundinnen leben, gemeinsam Brot backen, abends Wein trinken und sich die Gedanken des Tages erzählen könnte.
Als sie den Träumen noch erlaubte in ihr herumzuspazieren, spürte sie im Laufe der Jahre die Kluft zwischen ihnen und dem tatsächlich Möglichen immer schmerzlicher.
Warum nur konnte sie sich nicht mit dem Machbaren arrangieren, wollte sie noch das scheinbar Unmögliche?
Sie blätterte das neue Lehrbuch durch. – Sehr anspruchsvoller Lernstoff, das war gut. Es würde ihre gesamte Konzentration erfordern und sie die innere Unruhe vergessen lassen.
Außerdem würde sie sich heute auch noch ein Vergnügen gönnen und chatten. Diese Beschäftigung schien ihr ein Spiel zwischen Realität und Traum zu sein. Sie suchte sich aus, wen sie darstellen

wollte und wusste, dass auch die anderen mit Wahrheit und Phantasie jonglierten.

Anfangs empfand sie eine gewisse Traurigkeit darüber, dass sie selten reale Gespräche führen konnte.
Inzwischen war sie davon überzeugt, dass es richtig war, sich nicht mehr auf die Verlockung näherer Beziehungen einzulassen. Denn es war vermutlich ihre eigene Schuld oder – vielleicht besser ausgedrückt – eine Art persönlicher Mangel, der sie daran hinderte, die allgemeingültigen Spielregeln des menschlichen Miteinander durchschauen zu können.
Sie glaubte nämlich tatsächlich an Dinge wie Freundschaft oder gar Liebe!
Ihr fehlte die Fähigkeit, Menschen zu misstrauen. Zumindest so viel, um gewappnet zu sein – für alle Fälle.
Sie hatte sich nie geschützt, damals nicht, und auch heute hätte sie wahrscheinlich keinen Zweifel an der Liebe und ihrem ewigen Währen.
Jedes Mal erkannte sie die Zeichen zu spät, diese Art, wie der Blick des Gegenübers sich veränderte, das Strahlen nachließ.
Oder vielleicht hatte sie es auch bemerkt aber dann mit doppelter Anstrengung versucht, das Leuchten wieder herbeizuzaubern.
Das gelang ihr aber nie dauerhaft.
Sie war sich bis heute nicht sicher, ob es tatsächlich nur an einem Mangel, einem fehlenden Wissen ihrerseits lag, oder ob das Wesen aller Gefühle naturgemäß flüchtig war.
Es schien ihr besser, sich in Büchern Lektion für Lektion am Leben entlangzuhangeln, so dass die größten Katastrophen sich auf Computerabstürze beschränkten. – Denn wie könnte sie aufhören, weich und verletzbar zu sein, um der Realität standhalten zu können?
Sie müsse sich anpassen, wurde ihr geraten. Doch diesen Ratschlag

zu befolgen, war ihr nie gelungen. Jedes Mal fiel sie in die Gefühle hinein, nahm alle Versprechen als Wahrheiten auf.
Da sie also ihr Wesen nicht verändern konnte, zog sie sich zurück. Ihre Wohnung beschützte sie wie eine Burg, und der Computer mit seinen vielfältigen Programmen bewahrte ihren Kopf davor, sich in den Irrsinn zu flüchten.
Sie beschäftigte ihre Gedanken, damit sie auf der Erde blieben, an der Materie hafteten und nicht, einen hilflosen Körper hinterlassend, davonflogen.

Der Chatroom war ziemlich voll, sie konnte dem Thema nicht recht folgen. Am vernünftigsten wäre es wohl, zu den Buchlektionen zurückzukehren. Aber gerade heute täte es ihr gut, wenigstens ein unverbindliches Gespräch über irgendeine Sache zu führen, um dem Gefühl der völligen Innengefangenschaft zu entrinnen.
Sie zögerte, den Channel zu verlassen und entdeckte einen Nickname, der ihr ein Lächeln entlockte.
„Summer“, so lautete er. Sie selbst nannte sich „Winter“.
Ob sie einfach versuchen sollte, Summer anzusprechen?
Möglicherweise verbarg sich irgendein Idiot dahinter, der es auf einen plumpen verbalen Annäherungsversuch anlegte.
Aber was konnte schon passieren, dann würde sie ihm eben die passende Antwort geben und den Chat verlassen.

Winter: „Hallo Summer. Was machst Du so?“
Summer: „Gedichte schreiben.“
Winter: „Haha.“
Summer: „Wie dumm von mir, die Wahrheit zu sagen. Ich logge mich wohl besser aus.“
Winter: „He, warte. Du schreibst wirklich Gedichte?“
Summer: „Ja.“
Winter: „Das hab ich früher auch gemacht.“
Summer: „Ich glaub Dir kein Wort.“

Winter: „Es stimmt aber."
Summer: „Schreib mir eins!"
Winter: „Nein."
Summer: „Ich dachte mir gleich, dass Du lügst."
Winter: „Warte, ich suche eins raus."

Winter entnahm einer Mappe ein Gedicht, das sie vor vielen Jahren geschrieben hatte und tippte es ein.

Summer: „Du hast nicht gelogen!"
Winter: „Nein. Schick mir auch ein Gedicht."
Summer: „Warte ein paar Minuten."

Bald erschien der Text auf Winters Bildschirm.

Winter: „Ich mag es."
Summer: „Schick mir morgen noch eins. Ich werde um dieselbe Zeit im Chat sein!"
Winter: „Sie sind alle von früher. Mindestens 20 Jahre alt."
Summer: „Dann dichte eben ein neues."
Winter: „Das kann ich nicht."
Summer: „Schade."

Summer verließ den Channel.
Winter saß benommen vor dem Bildschirm, dann machte sie den Computer aus. Sie schlug das Lehrbuch auf, konnte sich aber nicht darauf konzentrieren. Die Lektion zerfiel in einen Buchstabenwald, ihr Blick verirrte sich zwischen den einzelnen Lettern. Sie schalt sich selbst eine Närrin. Nur weil sie mit irgendeiner Person ein Gedicht ausgetauscht hatte, brauchte sie doch nicht so verwirrt zu sein. Bis morgen sollte sie gar noch ein neues ersinnen. Du liebe Güte, sie hatte Wichtigeres zu tun, als Gefühle zu Wortliedern zu komponieren. Was waren das denn überhaupt für seltsame Gedan-

ken: „Wortlieder komponieren". Fing ihr Gehirn schon ohne sie an zu dichten? Fast widerwillig schrieb sie zwischen die Absätze der Lektionen Versfragmente.

Winter loggte sich am nächsten Tag pünktlich im Chat ein.
Summer: „Lass uns zu zweit reden. Geh dorthin."

Auf dem Bildschirm erschien eine andere Adresse.
Winter wechselte also in einen privaten Chatroom.

Summer: „Hast Du ein Gedicht?"
Winter: „Es ist nicht fertig."
Summer: „Zeig es mir trotzdem."

Winter tippte den Text ein.

Summer: „Ich habe auch eins."

Winter las es.

Summer: „Mach Deins bis morgen fertig. Ich werde wieder da sein."

Winter wollte widersprechen. Doch Summer hatte bereits den Channel verlassen.
Jetzt würde sie das Gedicht erst recht nicht fertig schreiben, beschloss sie. Was bildete diese Person sich eigentlich ein?
Der Tagesablauf war auch heute ruiniert.
Anstatt sich mit Bildbearbeitung zu befassen, malte sie die Buchstaben der Lektion mit Buntstiften aus. Die Anwendertipps für die Praxis wurden mit Blumen umrahmt, die fettgedruckte Überschrift zur Rückenlinie eines Esels.
Entgegen ihrem eigenen Vorsatz schrieb sie doch die Versbruch-

stücke ordentlich ab, setzte sie zusammen, strich manche Zeile, ersetzte einige Worte durch andere.
Da stand es nun auf dem Papier, das Gedicht, welches sie sich vorgenommen hatte, nicht zu schreiben. Sie las es sich selbst vor, lauschte ihrer eigenen Stimme und fühlte, dass die Worte genau so stimmten.
Einer plötzlichen Laune folgend, zog sie die Jacke an.
In ihrer Wohnungsburg hatte sie selten das Verlangen gehabt, spazieren zu gehen. Heute meinte sie es drinnen nicht mehr aushalten zu können. Sie lief über den Hügel, bis hin zum Waldrand.

Als sie wieder Zuhause angekommen war, beschloss sie, Eierpfannkuchen zu backen. Eine merkwürdige Idee, wie sie selbst fand. Aber sie verspürte Heißhunger darauf, und da der Tag sowieso schon durcheinander war, kam es darauf auch nicht mehr an. In der Speisekammer angelangt, wurde sie beim Anblick der Dosen und Fertigpackungen unzufrieden. Sie wollte auf einmal unbedingt Äpfel, Salat und Mohrrüben darin liegen haben und beschloss, morgen einkaufen zu gehen.

Diesmal war sie ein paar Minuten früher im Chat als Summer.
Unaufgefordert tippte sie das neue Gedicht ein.
Als Summers Name auf der Bildfläche erschien, sandte sie es ab.

Summer: „Deine Worte sind wie eine Melodie.“

Winter erhielt auch ein Gedicht, und beide zusammen klangen wie Ober- und Unterstimme eines Liedes.

Das Lehrbuch blieb immer öfter verschlossen, denn sie hatte dauernd neue Ideen, was sie tun wollte.
Sie sortierte Kleider aus, die ihr nicht mehr passten und trug sie

zum Container. Fertigpizzen und Dosensuppen blieben ungeöffnet, da sie frisches Essen kochte.
Sie schrieb immer neue Gedichte, und eines Tages dachte sie sich sogar ein Märchen aus. Das Computerlehrbuch lag unter zerknüllten Manuskriptseiten begraben.

Früher hatte sie diesen Traum von den Wäldern. Sie wünschte sich, zu Fuß mittendurch zu wandern, abseits der Wege.
Und wenn sie noch heute den Rucksack packte?
Sie fühlte, es duldete keinen Aufschub, gleich morgen musste sie losgehen, bevor der Mut sie wieder verließ.
Am Abend teilte sie Summer ihren Entschluss mit.

Winter:	„Bitte gib mir Deine Postadresse. Ich möchte Dir von unterwegs schreiben.“
Summer:	„Meine Postfach-Nummer lautet 8327.“

Zum ersten Mal dachte sie darüber nach, dass sie einander immer nur Literatur geschickt hatten. Sie weder den richtigen Namen noch sonst etwas von Summer wusste. Selbst jetzt hielt sie nur den Namen einer Stadt und eine Postfachnummer in ihrer Hand.

Von unterwegs schrieb Winter jeden Tag einen Brief und erzählte alle Begebenheiten der Wanderung.
Plötzlich wusste sie, warum sie den langgehegten Traum verwirklichen konnte. – Sie war nicht mehr alleine, sondern hatte eine Verbindung zu jemandem.
Bei diesem Gedanken fühlte sie eine Sehnsucht, die sie sich selbst nicht erklären konnte.
Als sie schließlich nach Hause zurückkehrte, konnte sie es kaum erwarten, dass es endlich 12.00 Uhr würde.
Obwohl sie ganz pünktlich war, wartete Summer bereits im Chat auf sie.

Die Zeitwanderin

Heute Wölfin, morgen Fisch. Gestern Drachen, übermorgen Närrin: So verwandelte sie ihre Gestalt. Sie passte das dazugehörige Benehmen daran an, wie einen andersfarbigen Mantel und blieb doch allein sie selbst im Kern ihrer Seele.
Dieser änderte sich wohl im Laufe der Jahrtausende, doch bedächtig wie ein wachsendes Mineral.
Die Zeit war nur eine scheinbare. Wenn Augenblicke so lange währen können wie ein ganzes Leben und ein Leben wie ein Augenblick, was ist dann wohl das Maß für Zeit?
Sie erschien sich hin und wieder selbst im Traum, das war leicht bei ihrer Vielgestalt.
Aus den Träumen löste sich manchmal ein Randstück ab und schlüpfte in die Wesen, die um sie lebten.
So konnte sie die Träume nicht gewissenhaft beieinander behalten, was ihr Kummer bereitete, dem Schäfer gleich, der Lämmer aus der Herde verliert.
Da alles, was um sie herum lebte, nur die Existenz von Tagen hatte – oder waren es Jahre? –, sah sie nur Anfänge und Abschlüsse aneinandergereiht, zu schnell für ihre Seele, als dass sie Zugang dazu hätte bekommen können.
Sehnsucht, das war das Wort für Endloszeiten, die dann doch irgendwann aufhörten, weil sie einmündeten in Neubeginne, die alterten und brüchig staubend andere Sehnsüchte gebaren.
Wenn sie es sich wünschen könnte, welches Gesicht, welche Gestalt, welches Leben würde sie wählen?
Wenn sie sich verbinden wollte, dann mit wem, mit welchem Ziel?
Alle Wesen, zu deren Ebenbild sie sich gemacht hatte, waren ihr fremd – doch war sie nicht auch verwandt mit ihnen in ihrer Rastlosigkeit?
Ob die Närrin sie wohl begleiten wollte, durch Nächte, deren unbesternter Himmel selbst ihr zu dunkel war?

In der Gestalt der Wölfin tötete sie sie mit einem Kehlbiss. Dankbar hörte die Possentreiberin auf, pausenlos Scherze vor sich hin zu brabbeln. Von allen Verkleidungen befreit lachte das ehemalige Narrenweib, bis die Wolken mit ihm lachten.
Im Bewusstsein der vor ihm liegenden Jahrtausende nahm es sich endlich – maßlos und gierig – Zeit.
Fragen wollte es nach Antworten – und wusste, dass, sobald es sie gefunden hätte, sie auch schon wieder verloren haben würde.
Es durchträumte Labyrinthe von Möglichkeiten, errötete vor nie gekannten Sehnsüchten, zitterte im Alleinsein der Zeitlosigkeit und wollte die finden, die ihm im Traum begegnet war.

Hartmut und Edelgard

Seit ihrer Kindheit achteten sie einander wie Schwester und Bruder. Die Freiheit zur Erforschung des Firmamentes, der Erprobung heilender Substanzen und dem Lernen geheimer Wissenschaften musste erkauft werden durch scheinbare Anpassung an weltliche und geistliche Macht.
Im Schutze des ehelichen Mantels entkamen sie der Inquisition – dem Wagen, der die Verdammten zum Marktplatz karrte, um die Körper, mit Teer übergossen, von vier Rössern in die Richtungen des Himmels zerreißen zu lassen.
Sie schützten mit ihren Lügen die Wahrheit der anderen Liebe, die in ihre Seelen gemeißelt war von Anbeginn der Zeit, den singenden Herzensvogel, der nur in geheimen Nächten über dunklen Feldern aufsteigen durfte, selbst dann sich nach Denunzianten umblickend.

Grau

Grau färbte ab, von Nebelschwaden, Bergwänden, Mäusefellen.
Es war klebrig – aber nicht feucht, es haftete feinverstäubt auf meinem Körper. Versuche, es durch Abklopfen, Waschen, Wegbürsten zu entfernen, blieben folgenlos. Als ich mit dem Messer große Hautstücke aus meinem Arm schnitt, wurde das herausquellende Blut zu einer grauen Flüssigkeit.
Ist etwas Abgefärbtes ein Fremdkörper oder verwandelt es sich zum Eigenbestandteil des Selbst?
Für mich war es ein Lebensparasit, eine Verurteilung ohne Prozess, und als sich selbst in deinen Augen nur noch Grau spiegelte, drang es in mich ein wie ein Kontaktgift, das durch die Haut in die Blutbahn aufgenommen wird.

Ich taumelte auf den Wegen, die wir gemeinsam abgeschritten hatten, weinte Fragen aus mir heraus und legte mich auf einer Bank nieder.
Die Fragen, einmal losgelassen, züngelten und zischten, wanden sich um meinen liegenden Körper, drückten und stießen sich gegenseitig und hielten erst inne, als die Polizei meine erstickte Hülle wegtrug und ein Bestattungsunternehmer sie verbrannte.
Der Rauch, der davon erzählte, dass es mich gegeben hatte, erschien mir wie ein Luftgefährt, ein Wolkenwagen.
Ich fühlte, dass ich – wenngleich ohne Gestalt – unbeschädigt war und außer dem klebrigen Graustaub nichts verloren hatte.

Langsam sank ich nieder, stand vor der Hütte einer Glasbläserin.
Als ich eintrat, grub sie gerade mit bloßen Händen ein Loch in den vor ihr liegenden Sand.
In dieses Sandbett legte ich mich und wurde alsbald mit heißer Flüssigkeit begossen. Sie stieß mit einem langen Stab in die Glaslava und bließ hinein.

Dabei drehte sie das Rohr und streute Metallstäube über den glühenden Brei.
Dann schwang sie ihr Werkzeug in der Luft herum, bis sich eine Figur bildete. Diese schillerte, je nach Lichteinfall, in den Farben aller Edelsteine.
Da das durchscheinende Glas und die Metallstäube mich umhüllten, konnten Nebelschwaden, Bergrücken, Mäusefelle und alles was selbst grau war oder mich grau machen wollte, sich nicht an mich heften und nicht in mich dringen.
Ich ließ mir Zeit, jede Farbe zu betrachten, nannte sie beim Namen, und als genug Sommer und Winter vergangen waren, wurden meine Tage wie schimmernder Opal und meine Nächte wie dunkler Lapislazuli, pyritbestreut.

Da standest du plötzlich in der Hütte, fragend nach der grauen Gestalt.
Als ich beim Blick in deine Augen nicht wieder zum Schatten wurde, war ich mir selbst genug.
Behutsam zerschlug ich meinen gläsernen Schutz und machte mich auf den Weg.

Mit meiner Kraft

Ich bin es leid,
mein Herz
zum Keller eines Hochhauses,
einer Betonkirche,
eines Dorfmuseums
zu machen.

Es will die leichte Schwingung fühlen,
den unhörbaren Klang.

Dieser geballte Organmuskel
will sich voll Spannung zusammenziehen
und weiten
und pochen
und hämmern
und leben.

* Siehe TonSatz-CD *Als Wir Uns Trafen*
Nr. 6 *Mit meiner Kraft – Komposition zum Text*

Mit meinen Freundinnen

Ich parkte auf der Ochsenwiese. Natürlich war es eine unnötige Strapaze, den steilen, vor mir liegenden Weg laufen zu wollen. So anstrengend es aber auch sein mochte, ich brauchte dieses Stück zu Fuß. Mit dem Auto bis zu dem Haus vorzufahren, wäre wie eine Prüfung gewesen, ohne vorher tief durchzuatmen.
Für Erwin Mahr war es damals nicht mehr als eine dumme Kleinigkeit gewesen, mit der unangenehmen Folge, tausend Euro in die Staatskasse bezahlen zu müssen.
Ich wollte ihn wissen lassen, dass es für mich nicht vorbei war, nie beendet sein könnte.

Immer wieder ruhte ich mich auf einer der Bänke am Wegrand aus, bis ich schließlich das Haus erreichte.
Obwohl auf dem Klingelschild ein anderer Name stand, versuchte ich es trotzdem. Eine Dame öffnete mir und erklärte, Herr Mahr sei kürzlich umgezogen, leider wisse sie nicht, wohin.

Ich fragte in den umliegenden Häusern nach, doch stets erhielt ich die gleiche Antwort.
Erneut stand ich einen Moment vor dem Haus, stand da mit den Worten, die ich ihm hätte sagen wollen, doch hinter der Tür wohnte eine ältere Dame, die von all dem nichts wusste.

Unverrichteter Dinge kehrte ich zu der Ochsenwiese zurück. Von hier aus steuerte ich die Polizei und das Einwohnermeldeamt an. Meine Fragen nach dem neuen Wohnsitz von Erwin Mahr blieben unbeantwortet. Ein Anruf bei der Telefonauskunft verlief ebenso erfolglos. So beschloss ich, von Fulda nach Marburg zurückzufahren.

Diese Strecke würde nie mehr einfach nur eine Straße für mich sein. Das wusste ich, nachdem ich sie das erste Mal DANACH fuhr.
In der Zeit DAVOR war dies der Weg zu meiner Lieblingsdisco gewesen. Auf die Landschaft oder gar die Brücke hatte ich nie geachtet. Am liebsten ging ich am frühen Abend in das Lokal, wenn noch nicht viel los war. Ich wollte einen Raum, der mir erlaubte, meinen Körper zum Abbild der Musik werden zu lassen, denn ich liebte es, Rhythmen zu malen und Klänge in Bewegung zu verwandeln.
Die Disco war auch der Ort, an den ich mich hinträumte, wenn ich eigentlich meinem Unterricht während der Ausbildung hätte folgen sollen.
Noch heute, wenn ich an der Fachschule für Sozialpädagogik vorbeigehe, höre ich die Ordensschwester, die uns unterrichtete, sagen: „Lernen geschieht durch eigene Erfahrung. Nur was selbst erlebt wird, wird wirklich begriffen!“

Am Ufer des Fuldaflusses stieg ich aus. Hier ging ich in der DAVORZEIT manchmal spazieren. Stunde um Stunde war ich dem Lauf des Wassers gefolgt und hatte mir vorgenommen, eines Tages bis zu seiner Quelle zu gehen; alleine – mit Rucksack und Schlafmatte. Doch von dieser Wanderung brauchte ich nun nicht mehr zu träumen.
Genauso wenig würde ich jemals wieder so tanzen können wie an diesem Abend, bevor es passierte.

Ich hatte keine Vorstellung davon gehabt. Das begriff ich aber erst DANACH.
In der Zeitung von so etwas gelesen, einen Fernsehbericht gesehen zu haben, vermittelte den falschen Anschein von Gewappnetsein. Es geschah meinem Körper, als sei es das erste Mal, dass einem

Menschen dies je widerfahren sei. Vielleicht weiß ich deshalb vom WÄHRENDDESSEN nichts mehr.
Wieder und wieder versuche ich mich wenigstens an das KURZDAVOR zu erinnern.
Aber es ist nicht möglich. Ich tanzte in der Diskothek, und ohne jedes DAZWISCHEN befand ich mich in dem DANACH.

Ich lag im Sand. Er war noch aufgewärmt, obwohl schon Abendrotstreifen den Himmel querbänderten.
Ich hätte mich damit zudecken können, so wie ich es als Kind immer getan hatte. Und, wie damals, alle Kleinigkeiten, die ich bei mir trug, mit vergraben. Eine Pharaonin zu sein gehörte zu meinen Lieblingsspielen. Schaufeln und Autos stellten die Grabbeigaben dar.

Es war Winter und über das WÄHRENDDESSEN spannte sich der Betonbogen einer Brücke.

Die Brandung toste nicht. Das Wasser verlief sich fast stillschweigend im Sand.

Er ließ die Frau liegen. Holte keine Hilfe.

In meinen Mund verirrten sich ein paar Sandkörner.

Ihr Körper wurde nur zufällig im Gesträuch der Böschung zwischen Cola-Dosen und Kaugummipapier gefunden.

Ich war durstig.

Die Ärzte betrachteten zufrieden ihr Werk. Entgegen ihren eigenen Voraussagen war die Frau noch immer nicht tot. Sie starb vorgestern nicht und gestern nicht und heute nicht.

Einen Schluck Wasser musste ich trinken. Der Durst war nicht auszuhalten. Doch mein Körper lag umhüllt und bewegte sich nicht.
Eine Stimme fragte, ob ich mich erinnern könne. Natürlich erinnerte ich mich an die Sonnenmilch. Als Kind glaubte ich, sie würde eine Schutzhülle um mich herum entstehen lassen.

Der Arzt bat den Polizisten, es später noch einmal zu versuchen.
„Die Patientin hat hohes Fieber."

Wie konnte ich nur die Sonnenmilch vergessen! Meine Haut war verbrannt, weil ich keine Schutzhülle hatte.
Ich konnte mich nicht bewegen, da mich weißgekleidete Priesterinnen in Leintücher gewickelt hatten, mit glänzenden Kästen und Kisten als Grabbeigaben. – Sie wollten mich dem Totenreich übergeben, obwohl ich noch lebte.

An diesem Abend mochte ich nicht alleine sein, darum fuhr ich bei Andrea vorbei. Birgit war auch gerade gekommen, sie wollten gemeinsam ins Internetcafé. Kurzentschlossen entschied ich mich, mit ihnen zu gehen.
Der Weg war weit. Ich bat Birgit, mich zu stützen. Sie kannte sich in Marburg auch besser aus als ich. Ihren dünnen, weißen Stock bewegte sie zügig hin und her.
Als ich immer stärker hinkte – was geschah, wenn ich mich überanstrengte –, lud mich Andrea ein, auf der Tischplatte ihres Rollis Platz zu nehmen. Ihr E-Rolli war stabil, und die Platte würde mich bestimmt sicher tragen.
Birgit half mir hoch, und so konnten Andrea und ich gemütlich neben unserer zügig voranschreitenden Freundin herrollen.
Birgit führte uns in das Lokal.
Wir tranken Milchkaffee, und ich berichtete von meinem Misserfolg, Erwin Mahr zu finden.
„Was mich wütend macht, ist, dass er trotz allem noch immer betrunken Auto fährt. – Als ob nichts geschehen wäre!"

„Woher weißt du das?“
„Die Krankenschwestern haben es mir erzählt. Sie wohnten in seiner Nähe.“
„Warum hast du es nicht der Polizei gemeldet?“
„Das habe ich sogar getan, aber da nichts Neues passiert war, sahen sie keinen Handlungsbedarf.“
„Weshalb willst Du ihn eigentlich unbedingt treffen?“
„Weil er mich ansehen soll.“
„Und was willst du ihm dann sagen?“
„Dass so etwas nicht wieder geschehen darf!“

Andrea rollte zu einem der Computer und tippte „suchen.de“ ein.
Es war zu banal, als dass es hätte klappen können.
Einer, der ohne Angabe seiner Adresse weggezogen war und keinen Eintrag im Telefonbuch hatte, wäre doch nicht so dumm, seine E-Mail Adresse registrieren zu lassen.
Unglaublich – aber Erwin Mahr war es! Sie wurde fündig.
Wir hatten nun diese Adresse, wussten aber noch immer nicht, wo er wirklich wohnte.
Andrea schlug vor: „Ich schreibe ihm eine Mail, ob er Lust hat, sich heute Abend mit mir im Chat zu treffen.“
Im ersten Moment konnte ich nicht entscheiden, ob ich diese Idee absurd oder genial finden sollte.
Andrea war, solange ich sie kannte, völlig begeistert von allem, was mit Computern zu tun hatte. Sie erzählte von irgendwelchen Menschen in irgendwelchen Städten, mit denen sie stundenlang chattete.
Sie fand es spannend, mit wildfremden Leuten zu kommunizieren, und keiner wusste, ob die Identität der anderen Person den Erzählungen entsprach oder nur ausgedacht war.
Es war ihr also durchaus zuzutrauen, dass sie Erwin Mahr eine Lügengeschichte auftischen würde, dass sich die Balken bogen.

Wir trafen uns am nächsten Tag erneut im Internetcafé.
Es hatte geklappt!
Erwin glaubte nun, dass sich Andrea vor lauter Einsamkeit verschiedene Männernamen ausgedacht und diese jeweils bei suchen.de eingegeben hätte. Bei seinem Namen habe es tatsächlich geklappt – ob das kein Wink des Schicksals sei, und sie sich kennenlernen sollten?
Noch am selben Abend chatteten die beiden gemeinsam, und Andrea hatte durchblicken lassen, sie sei mobil, finanziell gutgestellt und suche nur noch den passenden Mann.
Etwas von ihrer Geschichte musste ihn angesprochen haben. Ob es der Wink des Schicksals oder der mit dem Geldbeutel war, blieb offen. Sie vereinbarten ein Treffen. Donnerstag, um 22.00 Uhr an der Fuldaer Ochsenwiese, am unteren Ende des Weges.

Wir drei fuhren also am Donnerstag mit Andreas Auto nach Fulda und parkten am oberen Wegende. Meine beiden Freundinnen blieben dort stehen, ich lief alleine hinab. Auf der Ochsenwiese wurde eine Autotür zugeschlagen, kurz darauf stand ein Mann an der vereinbarten Stelle.
„Erwin Mahr?" fragte ich.
„Ja?"
Ich ging langsam auf ihn zu. Er hatte getrunken. Ich roch es auf zwei Meter Abstand.
„Im Winter, unter der Brücke ..."
„Was?"
„Sie waren betrunken ..."
„Verschwinde, ich bin verabredet!"
„Sie sollen mich ansehen."
„Wenn du nicht abhaust, helf ich dir nach!"

Ich sah in sein Gesicht. Meine ungesagten Worte verdichteten sich zu einem schwarzen Fluss. Dieser gebar reißende Strudel und tosende Wasserfälle, und aus seiner wilden Tiefe stieg die Ordensschwester mit schwarzem Gewand: „Lernen geschieht durch eigene Erfahrung. Nur was selbst erlebt wird, wird wirklich begriffen."

Ich taumelte zu den anderen zurück.
„Fahr ihn um."
Andrea verstand meine fast stimmlos geflüsterten Worte, ohne dass ich noch irgendetwas erklären musste.
Sie stellte auf höchste Geschwindigkeitsstufe.
Birgit hielt meinen zitternden Körper umfangen, und bevor Erwin Mahr überhaupt begriff, was vor sich ging, war es schon geschehen.
Anschließend bat Andrea Passanten, die Polizei zu verständigen.
Der Hergang wurde protokolliert:
„Zusammenstoß einer Rollstuhlfahrerin mit einem angetrunkenen Fußgänger. Der Mann war ihr vor die Räder gelaufen, sie konnte nicht mehr ausweichen."

Andrea besuchte Erwin Mahr im Krankenhaus, brachte ihm Blumen und Pralinees, Zeitschriften und frische Weintrauben. Außerdem übergab sie ihm tausend Euro.
„Für die Schmerzen", sagte sie süß lächelnd.
Über seine Beschimpfungen hörte sie weg. Die Krankenschwestern meinten, sie bräuchte sich solche Unverschämtheiten nicht anzuhören, schließlich sei er doch an seiner misslichen Lage selbst schuld.

Sobald Erwin aus der Klinik entlassen wurde, wandte er sich an die Polizei.
Der Beamte war ungehalten. So einen ausgemachten Unsinn hatte er selten gehört. Doch was blieb ihm übrig, er musste die Anzeige aufnehmen.

„Also, Sie behaupten, in Fulda hatten Sie keinen selbstverursachten Unfall, sondern wurden von der Dame im Rollstuhl absichtlich überfahren. Das Motiv war der Sachverhalt, dass Sie selbst vor einiger Zeit eine junge Frau lebensgefährlich verletzt hatten.“

So unangenehm es dem Beamten auch war, er musste der Sache nachgehen.

Ein paar Tage später fasste er das Ergebnis seiner Befragungen in einem Bericht zusammen.

Die Rollstuhlfahrerin hatte sich rührend um den Mann gekümmert, jedoch nur Beschimpfungen geerntet. Zeuginnen dafür waren alle Krankenschwestern der Station 4b.

Das damalige Unfallopfer des Erwin Mahr, also die angebliche Drahtzieherin, war nachweislich den ganzen Abend in Marburg gewesen. Sie hatte einer blinden Dame aus dem Buch *Die Ausbildung zum Führhund* vorgelesen.

Pflichtgemäß übergab der Polizeibeamte die Akte dem Staatsanwalt, der die Zeilen kopfschüttelnd überflog und die Einleitung eines Verfahrens ablehnte.

Eine Woche später trafen Birgit, Andrea und ich uns im Internetcafé.

Ich bestellte für jede von uns eine Tasse Cappuccino, frische Waffeln mit heißen Himbeeren und Schlagsahne, dazu ein Gläschen Eierlikör.

Winterfenster

Gelbbäuchige Vögel blicken in einen Käfig.
Betrachten Kaffeekanne, Kuchenteller.
Und die Frau mit der blauen Strickjacke.
Schnee lacht über den weißen Überwurf des Tisches.
Dem Licht ist es drinnen zu düster.
Der rote Vorhang bildet die Grenze. Er kennt beide Seiten.

Kaffeekanne und Kuchenteller beobachten die Vögel.
Das Tischtuch draußen, schier endlos.
Und so hell das Licht.
Der Rücken unter der Strickjacke richtet sich auf.
Als schöpfe er Kraft aus ihrem Blau.

Die stehengebliebene Zeit rückt einen Herzschlag weiter.

Endlich

Wind,
blau gemalt
vom Meer,
Sonnenflecken tanzen,
Augenblinzeln in zu hellem Licht,
herbeigesehnt
den ganzen Winter.

Unterwegs

Heute bin ich
unterwegs
auf Wolken,
male mit dem Fuß
den Himmel blau.

Meine Hand
streichelt ein Grau
bis es weiß wird.

Die Kleider
schenke ich dem Abend,
weil ihm die Farbe Schwarz
so gut gefällt.

Leise flüstere ich mit Venus.
Sie lädt mich ein,
heute Nacht
mit ihr gemeinsam
die Sonne zu umkreisen.

* Siehe TonSatz-CD *Als Wir Uns Trafen*
Nr. 12 *Tango* – Komposition zum Text

Der Klang

Lange hattest du am Klavier gesessen, Beethovens Pathétique geübt. Dein Rücken, anfangs aufrecht, beugte sich, den Stunden folgend.
Mit den Fingern bist du unzufrieden, sie sollten gelenkiger sein – überhaupt glaubst du, deine Hände seien zu klein.
Für mich sind bereits deine Worte über Musik Klang, Rhythmus, Melodie.
Du schriebst mir von dem zu niedrigen Hocker im Übungssaal – und ich las Gedichte.
Wie oft habe ich dich mir selbst beschrieben, als Spiel nur, denn weder dein Gesicht, noch deine Wohnung habe ich bisher kennengelernt.
Ich sehe deine Finger über die weißen Tasten laufen, unterbrochen von Anschlägen auf Schwarz.
Beim Blick aus dem stillen Zimmer in den Garten klingt Beethoven in mir – der Klang, der Dienstage in Feiertage verwandelt.

Gebeugt

Wenn ich gebeugt bin,
dann nur,
um meine Hand
mit diesem Unten zu verbinden,
das Erde heißt.

Ich lass sie in mich fließen,
die Kraft der Vulkane,
und durch mich strömen die Flüsse.

Wenn ich mich aufrichte,
fällt ab von mir
die aufgehetzte Zeit
und alle Blicke,
die mir bedeuten wollen,
meine Schritte seien zu langsam.

Ich füge die Hälften meines Körpers
wieder zusammen,
die getrennt wurden,
aufgeteilt in falsch und richtig.

Wenn ich gebeugt bin,
dann nur,
um meine Hand
mit diesem Unten zu verbinden,
das Erde heißt.

* Siehe TonSatz-CD *Als Wir Uns Trafen*
Nr. 24 *Gebeugt* – Komposition zum Text

Wäre ich

ein Eisenschwert,
ich kühlte mit meiner flachen Seite
deinen sommerwarmen Körper.

Wärst du ein Fiebersturm,
ich würde verzogen von deiner Hitze,
löste mich auf in eiserne Tropfen,
die du dir auf der Zunge zergehen lassen könntest.

Eigene Richtung

Dein Lachen
schlüpft unter mein Kleid,
spaziert
die Wirbelsäule entlang.

Die Schulterblätter
lehnen aneinander,
dein Haar
macht meines wirr.

Unsere Rücken
bilden eine Linie,
und doch
behält jede
die eigene Richtung
im Blick.

Ich halte dich

du legst dich bloß,
bist nahbar und verletzlich.

Ich halte dich,
berührt
von deiner Haut.

Du traust mir,
das verrät
dein Kopf auf meiner Schulter
und legst es bloß,
was in mir zart sein will.

Von deinem Arm umfangen
werde ich
nahbar und verletzlich,
du hältst mich,
berührt von meiner Haut.

* Siehe TonSatz-CD *Als Wir Uns Trafen*
Nr. 10 *Ich halte Dich* – Komposition zum Text

Begegnung

Wir unterhielten uns. Du sprachst, ich hörte zu – dann Rollentausch. Wir benahmen uns wie Malerinnen, die Farbfelder zeichneten und mit Linien abgrenzten.
Wie konnte es geschehen, dass unsere Farben über das Schwarz liefen, aufeinanderlagen, noch feucht – sich Rot und Blau violett küssten?
Vielleicht lag es an Chopin. Ich hatte seine Préludes jahrelang nicht mehr gehört. Du erwähntest nur seinen Namen, die Stücke. Doch bei diesen Worten ließ mich die Weichheit deiner Stimme fühlen, wie wirr dein Herz vor Verlangen sein kann.
Es könnte aber auch an den Gedichten gelegen haben. Du hattest meine gelesen, und die Linien verschmierten zu offenen Durchlässen. Ich las deine und überfärbte die schwarzen Schlieren mit meinem kräftigsten Rot.

„Wo ist das Fremde?" fragte ich mich, denn alles, was sich jetzt nahe ist, wird sich später wieder fern sein. Lieber wollte ich die Fremdheit gleich, bevor die Verdunstung der Nähe mir diesen Stich gab, an der bekannten Stelle im Brustkorb.
Ich versuchte es mit Aufzählungen der Verschiedenheiten – du sehr gebildet und ich eine, die ihre Zeit mit Brennnesselausrupfen und dem Stapeln von Holzscheiten verbringt.
Da zeigtest du mir deine rauen Hände, die Brennnesselblasen auf den Armen.
Du entlocktest mir Zitate von Hermann Hesse, wie aus einem Munde flüsterten wir: „Jedem Anfang wohnt ein Zauber inne".
Unsere Finger glitten zart über Buchseiten.

Wenn ich auch das Fremde nicht finde, so muss doch bald die Angst vor Nähe beginnen.
Ein Herztakt, der so unruhig schlägt wie deiner, wird mich aus

dem Rhythmus bringen.
Bist du auf der Suche nach mir oder auf der Flucht?
Führt meine Suche mich in die Falle der Sehnsucht nach dem Unmöglichen – dem Versuch, zusammenzutreffen, ohne dass dieses Geschehen eine Folge hätte –, die Farben zurück an ihren Platz flößen, und alles wieder wird, wie es zu Anbeginn gewesen war?

Ich redete mit dir darüber – oder war ich nur wieder weggeträumt im Gespräch mit mir selbst?

Gespräch

Ich möchte nicht mit dir über Arbeit, Schuhgeschäfte, Brötchengrößen reden.
Dein Pullover ist meerfarben.
Je nachdem, wie du dich im Neonlicht bewegst, eher grünlich oder bläulich schimmernd.
Wir plaudern.
Ich vertiefe mich in die Seitenansicht deiner Rückenlinie.
Der Nacken wird zum Überlaufpunkt eines Wasserfalles, die Gischt brandet über die Schulterblätter.
Dezemberfrost ließ Wasserstränge im Stürzen gefrieren, die Wirbelsäule, ein leicht gebogener Eiszapfen.
Die Arme wage ich nicht zu erklimmen, wie könnte ich einen Absturz überstehen, dahin, wo wilde Wirbel gurgelnde Wasserinseln im Eis bilden.
Deine Wange hat diese leichte Wärme, nicht heiß, nicht kalt, wie besonnte Märzerde.
Ich berühre sie mit meinen Augen und springe voll Übermut wieder in dein Meerblau hinein; tauche unter, ergründe die Tiefenlandschaft, strecke den Kopf wieder über Wasser und hole tief Luft, um den Faden unseres Gespräches nicht zu verlieren.

Tanz

Du und ich.
Dieser Tanz
ist ungehörig.

Die Noten
haben sich von den
Linien befreit.
Saxophon und Klarinette
springen mit ihren Melodien
aus der Komposition.
Die Bongos
sind im gemeinsamen Rhythmus
versunken.

Du und ich.
Endlich
angekommen.

Als wir uns trafen,

berührten sich unsere Fingerspitzen
sacht.

Die Hände bildeten ein Tor,
keine wollte die andere umklammern
und besitzen.

Als wir uns trafen,
blieb ein Abstand,
Raum genug für jede.

Wir neigten uns einander zu,
da sah ich auf deiner Wange einen Schatten.

Ich kenne es so gut, dieses Dunkel.
Gib mir deine Hand,
die widerspenstige,
die sich nicht hat gerade biegen lassen
von allen Normen.

Diese Hand will ich auf meinem Haar fühlen,
dein Arm ist nicht zu schwach,
er versteht die Zeichen,
die ich mit meinem Mund auf ihn male.

Unsere Träume sind wild,
behutsam werden wir sie uns erfüllen,
denn es mangelt uns an nichts,
unsere Schönheit
macht die Schatten bedeutungslos.

* Siehe TonSatz-CD *Als Wir Uns Trafen*
Nr. 8 *Als Wir Uns Trafen* – Komposition zum Text

Christiane Schwarze

Geboren 1960 in Uslar. Lebt heute in Homberg/Ohm. Arbeitete langjährig als Logopädin in eigener Praxis, seit Unfall ausschließlich schriftstellerisch tätig.

Aufgenommen in folgenden Vereinigungen: *Verband Deutscher Schriftsteller (VS), Literaturgesellschaft Hessen, BVjA und Schreibwerkstatt Marburg.*

Eine Besonderheit stellt das große literarische Spektrum dar, in dem sich die Autorin bewegt. Die Bandbreite reicht von Kurzgeschichten, Erzählungen, Lyrik, lyrischer Prosa, Kurzkrimis, Märchen, Satire bis hin zu Liedtexten.

Medienpräsenz in Fernseh- und Radiosendungen.

Über 100 musikalisch inszenierte Lesungen im gesamten Bundesgebiet, u.a. mit ihrem *Duo* **TonSatz.**

Fünf Bücher erschienen seit 1997 im Mauer Verlag:

1997 Und zum ersten Mal liebte sie sich selbst
1999 Meine Tage wurden wie schimmernder Opal
2000 Ripp Wurzeltroll
2002 Frau mit Hund und Stock
2003 Losgehen und Möglichkeiten atmen
2013 Alle fünf Bücher als *Edition Christiane Schwarze* neu aufgelegt

Drei dieser Bücher wurden von der Deutschen Medienkommission ausgewählt und erschienen zusätzlich in Braille-Schrift bzw. als Hörbuchversion für Blinde.

Über 200 Einzelveröffentlichungen in Literaturzeitschriften und Anthologien. (Deutschland, Österreich, Dänemark, Schweiz)

Preise:

2000 Anerkennungspreis im Rahmen des *Wolfener Literaturpreises.*

2001 Siegerin bei *Story des Monats* beim Wettbewerb der *benchpress.*

2001 Beim *benchpress*-Wettbewerb *Kurzgeschichte des Jahres* Jurywertung und Publikumswertung jeweils zweiter Platz.

2003 wurde ihr Kurzkrimi *Tonerde* als einer der fünf besten Texte für den *Friedrich-Glauser-Kurzkrimi-Preis* nominiert.

2008 *Dorstener Lyrikpreis* vierter Platz.

2009 Zweiter Preis beim *Schreibwettbewerb des Ceranius-Verlages* und der *Literaturzeitschrift Veilchen.*

2012 Siegerin beim *Literaturpreis der Stadt Wolfsburg.*

2013 Zweiter Platz beim *Literaturpreis Antho? - Logisch!* (im Rahmen des LESEN!-Festivals 2013, in Kooperation mit der Stadt Fürth)

Tonträger

2001 Als Wir Uns Trafen / Duo *TonSatz*
Musikalisch-literarische Hörbuch-CD
Mauer Verlag

2003 Losgehen und Möglichkeiten atmen / Duo *TonSatz*
Musikalisch-literarische Hörbuch-CD
Mauer Verlag

2013 Wie ein Augenzwinkern der Zeit / Duo *TonSatz*
Musikalisch-literarische Hörbuch-CD
Mauer Verlag

Information – Kontakt:

Website: www.christiane-schwarze.de
E-Mail: chrisschwarze@t-online.de

Bücher/Tonträger können über den Mauer Verlag oder handsigniert bei der Autorin erworben werden.